Fiese Rhetorik Tricks

-um sich einen unfairen Vorteil zu verschaffen

von Uwe Klein

1. Auflage Oktober 2018

Haftungsausschluss: Alle Angaben wurden mit großer Sorgfalt erstellt, inhaltliche Fehler sind jedoch nie ganz auszuschließen. Autor und Herausgeber können hierfür keine Haftung übernehmen, jeder Leser ist für die Umsetzung und Anwendung der hier gegebenen Tipps selbst verantwortlich.

Covergestaltung: Uwe Klein

Titelgrafik von

de.depositphotos.com/lightsource

Inhaltsverzeichnis

Einleitung

Jeden Tag betreiben wir mit anderen Menschen Kommunikation. Dabei kann es sich um triviale Inhalte handeln, wie wir sie bei einem Small-Talk vorfinden. In diesem Fall ist die Art der Rhetorik – also die Qualität der eigenen und der Redekunst des Gegenübers – von keiner großen Bedeutung für das weitere Leben. Schließlich geht es lediglich um einen kurzen Austausch, um Interessensbekundung und darum die freie Zeit nicht ohne eine Tätigkeit verbringen zu müssen. Anders sieht es dann aus, wenn wir uns beispielsweise mit einem potenziellen Arbeitgeber unterhalten. Diese Situation erfordert ein weitaus größeres rhetorisches Geschick.

Und: Wir sind aus der Sicht der Rede nicht gleichberechtigt. Der Chef oder Mitarbeiter der Personalabteilung ist uns in diesem Moment überlegen. Neben professionellen rhetorischen Mitteln, die er im Rahmen einer oder mehrerer Schulungen erlangt hat, entfällt bei ihm auch die Nervosität und Erwartungshaltung. Ihm ist es gleich, wer die Stelle erhält, er verspürt beim Gespräch weder Druck noch Not. Anders sieht es beim Bewerber aus. Dieser ist aufgeregt und je nach Intensität ist es bereits sichtbar. Weiterhin begibt er sich mit einer Erwartung in das Gespräch. Er will seine innere Not auflösen und die Stelle erhalten. Dafür ist er bereit sich von seiner besten Seite zu zeigen und so versucht er sich möglichst eloquent zu geben.

Allerdings kommt es vor, dass die gewünschte Einstellung nicht ausschließlich von den Unterlagen und von Sprachgewandtheit abhängt. Auch die Art der Rede spiegelt den Bewerber wider. Das beginnt bei der häufigen Verwendung der Möglichkeitsform (Konjunktiv I und Konjunktiv II). Beginnen die Sätze des Bewerbers häufig mit „Ich würde“ oder „Ich wäre“, pflegt er Begriffe aus der Beobachterperspektive ein wie „man“ oder baut er Verben wie „können, sollen, dürfen und müssen“ in beinahe jede Satzstruktur ein, so ist das dem Gespräch nicht dienlich.

Häufig wendet der Mitarbeiter des Personals auch sogenannte fiese Rhetorik Tricks an. Diese schwarzen Gesprächstechniken sind den meisten Menschen gänzlich unbekannt. Dabei ist es wichtig, dass wir diese Techniken beherrschen. Es ist nämlich kaum zu glauben, wie viele Menschen sich aktiv oder passiv dieser Gesprächstechniken bedienen und uns damit aus der eigenen rhetorischen Bahn werfen. Andererseits bietet es sich oft auch an diese Techniken selbst einzusetzen und eine Kommunikation so in eine gewünschte Richtung zu lenken.

Das macht ebenso im Privatleben Sinn wie in der Geschäftswelt. Die gute Nachricht: Leser und Leserinnen brauchen für die Umsetzung keine besonderen sprachlichen Fähigkeiten. Hier geht es nicht um Ausdruck und eine perfekte Grammatik. Das Wesentliche ist das Zuhören und ebenso die Konzentration im Gespräch. Wer dem Gespräch dauerhaft folgt und sich darauf einlässt, erkennt die schwarze Rhetorik darin oder setzt sie selbst zu seinen Gunsten ein.

Doch Vorsicht: Wer sich die fiesen Rhetorik-Tricks einmal genauer angesehen, sie angewandt und sich von der Funktion der Tricks überzeugt hat, pflegt diese immer häufiger in allen möglichen Gesprächen ein. Jene Verfahrensweise ist jedoch nicht immer zielführend. Unser Gesprächspartner bemerkt recht bald, dass wir ihn zu blockieren versuchen und wird den Gesprächskontakt nach mehrfachem Vorkommen sicherlich reduzieren bis meiden. Das wollen wir nicht, weshalb wir hier mit Köpfchen arbeiten. Nur so lässt sich ein unfairer Vorteil verschaffen.

Gerade innerhalb von Bewerbungsgesprächen mit vielen Bewerbern, im Rahmen von Gruppendiskussionen, innerhalb von Gesprächen mit dem Chef oder manchmal auch im privaten Leben, wenn wir einer anderen Person indirekt die Stirn bieten und sie in ihre Schranken weisen wollen, sie quasi rhetorisch besiegen wollen oder sogar müssen, um mit Seelenheil aus dem Gespräch zu gehen – immer dann machen diese Tricks Sinn. Begeben wir uns nun auf eine rhetorische Reise, innerhalb welcher Sie alle

Tricks lernen, diese anwenden und bei ihrem Gesprächspartner zuverlässig erkennen können.

Ich wünsche Ihnen viel Freude beim Lesen des Buchs und einige nützliche Erkenntnisse!

Grafik von de.depositphotos.com/lightkeeper

Den Gesprächsfluss zerstören

Jedes Gespräch hat seine eigene Qualität. Manche sind voller Informationen und der eigene Kopf ermüdet bei den Inhalten. Andere Gespräche sind scheinbar sinnfrei und auch hier schaltet das Gehirn schnell ab, da das Gespräch nichts Wichtiges für den Geist bereithält. Andere Gesprächspartner neigen zu ewigen Erklärungen, zu einer sehr langsamen Art sich auszudrücken und das eigene Gehirn befindet sich immer auf der Überholspur. Es gibt auch Situationen, in denen wir uns öffentlich oder im kleinen Kreis in einer Diskussion finden, in welcher es um die Darstellung eines bestimmten Sachverhalts aus der Sicht zweier gegensätzlicher Meinungsvertreter geht. Denken Sie dabei an politische Diskussionen, wenn beispielsweise die nächste Wahl der Bundesregierung kurz bevorsteht und sich die Duellanten ein Kopf an Kopf Rennen bieten. In dieser Situation ist es wichtig geistig ganz dabei zu sein.

Nehmen wir an, der Gesprächspartner oder in diesem Fall der Gegner setzt seinen Fokus auf ein bestimmtes Thema. Sicherlich hat er seine Rede zu Hause sauber ausgearbeitet, sie immer wieder geübt, die einzelnen Punkte ordentlich gegliedert und der Rede eine Richtung gegeben. Er ist nun gewillt die Inhalte gut vorzubringen. Stellen wir fest, dass die Rede gut ist und unsere Argumente dagegen nicht Stand halten können, dann bietet es sich an den ersten fiesen Rhetorik-Trick einzusetzen. Dieser zielt darauf ab den Gesprächsfluss zu zerstören. Während der Gegner mitten in seiner Abhandlung ist, unterbrechen wir ihn. Diese Unterbrechung verändert seine Gedanken, er verliert den Zugang zum Gesagten. Manchmal geht ihm der Inhalt für einen Moment gänzlich abhanden und er ist aufgrund eines Blackouts nicht mehr oder nur schwer in der Lage in das Gespräch zurückzufinden.

Innerhalb einer öffentlichen politischen Situation kann das zu Einbußen führen, weniger Wähler entscheiden sich für den Gesprächsgegner. Doch wie unterbrechen wir den Redefluss des Gegners? Idealerweise geschieht das mit einem Zwischensatz oder auch Argument, das zwar noch mit dem eigentlichen Thema in Berührung ist, allerdings so tiefgreifend, dass der Gesprächsgegner lange über die Antwort nachdenken müsste. Auch dann gerät er ins Wanken und wir entscheiden das Gespräch zu unseren Gunsten.

Außerdem: Natürlich bietet es sich ebenso an das Gespräch mittels einer rhetorischen Frage zu unterbrechen. Eine rhetorische Frage stellt eine Frage dar, auf welche wir keine Antwort erwarten. Ein Beispiel ist die Frage „Bist du verrückt?“, die mehr ein Ausspruch als eine Frage ist. Niemand würde hierauf antworten. Bei einem qualitativ hochwertigen Gespräch mit komplexem Inhalt kann eine solche Frage jedoch so stark aus dem Kontext geleiten, dass die Aufrechterhaltung der Komplexität auf Seiten des Gegners nicht mehr möglich ist. Gleichsam treffen wir auf dieses Phänomen, wenn wir den Gegner dazu anregen sich bestimmten Fragen - sogenannten Gegenfragen - auf kompetente Weise zu stellen. Gegenfragen beleuchten die Inhalte aus einer völlig neuen Perspektive. Hat sich der Gesprächsgegner mit diesen nicht beschäftigt, wirkt er unvorbereitet und wird im Gespräch selbst nicht bestehen.

Weisen seine Ausführungen zur Gegenfrage lückenhafte Darstellungen aus, fördert das seine Unsicherheit ans Tageslicht. Er gerät in eine Spirale voller Angst und Zweifel, Unsicherheit und Unvermögen. Sein Redefluss schwächt sich dadurch automatisch. Und: Immer zur Wiederholung animieren! Mit Sätzen wie „Können Sie das Gesagte noch einmal wiederholen“ oder „Bitte erklären Sie mir das Gesagte erneut“, reißt der rote Faden des Gesprächsgegners und nun hat er Mühe zum eigentlichen Kernthema zurück zu gelangen.

Konfrontation durch allgemeine Vorurteile

Sicherlich ist es Ihnen bekannt, dass sich viele Menschen im Rahmen von Vorurteilen begegnen. Häufig sind diese sehr unterschwellig, manche haben sie nur innerlich, andere Personen tun ihre Meinung bei jeder Gelegenheit kund. Vorurteile kann es zu jeder Situation, zu jedem Sachverhalt geben. Vor allem aber zielt er auf den Menschen ab und auf bestimmte Eigenschaften dieser Person. Was ist jedoch, wenn wir einen Gesprächspartner überhaupt nicht kennen? Er tritt uns im Rahmen einer Diskussion oder Unterredung zum ersten Mal gegenüber und wir bemerken seine enorme Kommunikationsstärke. In diesem Fall ist es wichtig sich auf die Dinge zu konzentrieren, die wir von unserem Gegenüber kennen und das ist in der Regel sein Beruf.

Wir widmen uns nun einem bestimmten Vorurteil zu diesem Beruf und greifen es erneut auf. Dieses binden wir gekonnt in einen Satz ein, der Verwirrung und Beleidigung hinterlässt. Wichtig: Wir dürfen nicht direkt, sondern eher indirekt „angreifen“, sodass wir keine Anzeige oder Grundsatzdiskussionen riskieren. Zwei Beispiele: Unser Gesprächspartner arbeitet als Bürokaufmann in einem größeren Unternehmen. Im Gespräch geht es beispielsweise darum, wie man Mitarbeiter motivieren und allgemeine innerbetriebliche Strukturen verbessern kann. Wir haben unsere Meinung und das trifft auch auf unseren Gesprächspartner zu.

Ein Beispielsatz wäre „Sie sind Bürokaufmann, Sie haben viel mit theoretischen Inhalten zu tun, da können Sie nicht viel von Mitarbeiterführung verstehen. Sie findet vor und nicht hinter dem Schreibtisch statt“.

Dieser Satz wirkt entkräftend und lenkt den Fokus des Gesprächs nicht mehr auf den eigentlichen Inhalt. Jetzt wird es beinahe persönlich. Ist Ihr Gegner stark, kann er darüber hinwegsehen und mit Charme und Eleganz antworten. Ein schwacher Gegner greift jedoch – und das ist häufig der Fall – zur Gegenwehr und reißt sich in diesem Moment selbst aus dem Inhalt heraus. Zu jedem Beruf gibt es Vorurteile. Der Handwerker kann nur bauen und nicht denken, der Autor hat zwei linke Hände, das Model hat keine Bildung, Juristen sind arrogant und können nichts als Gesetzestexte lesen…".

Wenn wir einen Teil von einem Gesprächspartner kennen, dann sollten wir überlegen, an welcher Stelle die allgemeingültige Schwäche des Gegners liegt. Diese greifen wir auf, formulieren sie gekonnt, setzen sie zu einem bestimmten Zeitpunkt ein und lassen den Gegner so ohne Schutzschild dastehen. Seine Schwäche kann auch direkt sichtbar sein. Beispielsweise ist der Gesprächsgegner ein Brillenträger „Hat Ihnen Ihr dicker Brillenrahmen die klare Sicht auf die Dinge verwehrt?" oder „Das Muster Ihrer Bluse ist ebenso kleinkariert wie das Gedankengut, mit dem Sie mich konfrontieren".

Natürlich ist es nicht sinnvoll den Menschen aufgrund seiner Religion, seiner Hautfarbe oder einer Behinderung zu diskriminieren. Stellen Sie sich vor Politiker würden dies in einer öffentlichen Diskussionsrunde tun. Sie begegnen dem Gegner zwar nicht immer auf hohem Niveau, doch das Niveau unter Einbehalt aller moralischer Aspekte künstlich geringzuhalten, ist mehr als ein fataler Fehler. Also: Ein Angriff verbaler Art sollte intelligent sein, nicht zu tiefgreifend und zum Nachdenken anregen - aber nicht bis ins Mark verletzen, diskriminieren oder zerstören.

Der Widersacher in eigener Sache

Widersacher sind im Leben nie angenehm und beinahe jeder Mensch wurde irgendwann im Laufe seines Lebens schon einmal mit ihnen konfrontiert. Ein Widersacher sind beispielsweise die Eltern. Die Eltern verbieten Kindern bestimmte Dinge, die sie gerne tun möchten, die jedoch gefährlich sind (beispielsweise auf die heiße Herdplatte zu fassen). Kinder wissen jedoch nicht um die Gefahr, vor der die Eltern sie beschützen wollen und begreifen die Eltern dann als Widersacher. Dennoch hören sie auf die Eltern, da sie die Konsequenz (wie etwa Entzug von bestimmten Spielzeugen oder gemeinsamen Aktivitäten) fürchten. Dadurch steigert sich die Bedeutung der Widersacher im Kopf des Kindes. Es hat den Eltern nichts entgegenzusetzen.

Dieses Bewusstsein ist bei den meisten Erwachsenen ebenso vorhanden. Noch immer – wie in den Kindertagen – haben viele Erwachsene nicht die Fähigkeit auf einen Widersacher zu reagieren, obwohl dieser –

anders als die Eltern - meist nicht zum Wohl des Gesprächspartners handelt. Die meisten Menschen sind hierbei noch zu sehr mit ihrer Kindheit verankert. Sie fühlen sich bei gegnerischen Argumenten schnell gelähmt, sehen sich mit der eigenen Unfähigkeit konfrontiert. Sie reagieren mit Innenschau und nicht mit einer direkten Gegenwehr. Das macht es jedem Widersacher leicht Diskussionen für sich zu gewinnen. Dieser Mechanismus ist beinahe in jedem Bereich anzutreffen. Deshalb ist es wichtig mit Widersachern umzugehen. Sie sind nicht stärker als wir, sie haben sich lediglich aus den Fesseln befreit und machen sich bestimmte menschliche Eigenschaften zu Nutze.

Seien Sie ein Widersacher! Was auch immer Ihr Gesprächsgegner vorbringt, Sie sind gegensätzlicher Meinung. Dabei geht es jedoch nicht darum den Gegner zu vernichten, ihm feindselig gegenüberzustehen. Nein! Sätze wie „Ihre Meinung ist interessant, dennoch…“ oder „Schön, dass Sie diesen Punkt aufgreifen, aber…“ oder auch „Haben

Sie das Gesagte auch schon einmal aus einer völligen neuen Perspektive betrachtet und sich darüber Gedanken gemacht, wie…" sind weitaus klüger als feindseliges Gerede. Wir wollen schließlich Anerkennung für das Gesagte, wollen glaubwürdig sein und ein Gespräch für uns entscheiden. Das geht nicht mit Hilfe von Beleidigungen. Sobald wir die Argumente des Gegners mit Gegenargumenten aushebeln oder das Gesagte einfach aus einer anderen Perspektive beleuchten, verunsichern wir den Gesprächspartner.

Jetzt ist es an ihm Stärke zu beweisen und diese spiegelt sich ebenso in seinem Benehmen wie auch innerhalb seiner Haltung. Geschwächte Gegner nehmen eine Zweifelsposition ein. Sie krümmen sich leicht zusammen, senken den Kopf, sehen konzentriert oder plötzlich leicht verängstigt aus, sie spielen mit den Händen oder wirken nervös. In diesem Fall ist der Gesprächsgegner in die Falle getappt und steht quasi ohne Waffen da. Dieser Moment ist günstig, um das Gesagte mit der eigenen Intention zu verbinden, sodass das Gespräch einen für uns günstigen Verlauf nimmt, unsere einstigen Wünsche erfüllt.

Den Wahrheitsgehalt der gegnerischen Aussagen in Frage stellen

Was ist der Idealfall, der bereits vor der Diskussion mit dem Gesprächspartner besteht? Richtig! Wir kennen unseren Gegner. Wir wissen möglichst viel von ihm. Uns ist sein Beruf bekannt, seine Intention, seine Lebensweise, wir wissen so einiges über seine Familie, über seine Hobbys und Interessen und über sein Weltbild. Das alles summiert ergibt einen vollständigen Menschen. Zur Vollständigkeit zählen jedoch nicht ausschließlich klare Fakten. Was uns besonders interessiert, sind die Hintergrundinformationen, die wir aus den gesammelten Details lesen können.

Wir fragen uns hinsichtlich der bevorstehenden Diskussion, welche Schwächen der Gegner hat und mit welcher Intensität er hinter seinen eigenen Aussagen steht. Was ist beispielsweise mit einem Politiker, der das Interesse von sozial schwachen Familien vertritt und selbst auf bestimmte Gelder behaart? Was versteht ein Mensch mit einer Rolex Uhr und einem Chauffeur von den Bedürfnissen der Kinder, die in finanzieller Not aufwachsen, Worte wie Bedürfnisbefriedigung nicht kennen? Wie sieht es aus mit einem Menschen, der den Klimawandel zu seinem Thema macht? Wie verhält er sich privat? Welche Kleidung trägt er? Vertritt er sich nur außen oder lebt er wirklich, was er verkörpert? Wir beobachten ihn genau und wer sich seinem Gegner widmet, der stößt irgendwann auch auf Ungereimtheiten. Natürlich dürfen Sie mit Ihren Kenntnissen nicht innehalten.

Dennoch ist auch hier ein wohldosiertes Vorgehen gefragt. Ein permanenter Beschuss von Ihnen gen Gesprächspartner wirkt demaskierend und zwar für Sie. Ihre Glaubwürdigkeit steht damit mehr in Frage als die Ihres Gegners. Umso wichtiger ist es den Wahrheitsgehalt der gegnerischen Aussagen nicht nur auf Richtigkeit und Vollständigkeit zu überprüfen. Es kommt ebenso auf die Art der Darstellung durch Sie an. Reden Sie ruhig und gleichsam bestimmt. Verhindern Sie aufgrund von Lautstärke, eigener Satzbildung und Intelligenz die Reaktion des Gegners. Er fühlt sich daraufhin ertappt. In diesem Moment ist es wichtig still zu sein, dem Gegner Möglichkeiten zur Reaktion auf das Gesagte einzuräumen.

Sprechen Sie nicht weiter, denn dann kann sich der Gegner sinnvolle Gegenwehr-Mechanismen zurechtlegen, die Ihnen womöglich zum Verhängnis werden. Seien Sie still und warten Sie, was geschieht. Wie lange wird der Gegner brauchen, um Ihren Aussagen die Kraft zu nehmen? Wird er es überhaupt können? Umso mehr Zeit er braucht, umso mehr er sich dabei nicht mehr auszudrücken weiß, stottert und sich zur Unsicherheit bekennt, desto mehr liegt der Gesprächsverlauf und das Ende der Diskussion in Ihren Händen.

Wichtig: Natürlich ist es nicht immer so einfach die Schwächen aufzudecken und zu sehen, ob ein Diskussionspartner seine eigenen Aussagen nicht nur theoretisch vertritt. Es fällt vor allem dann schwer, wenn wir den Gegner gar nicht kennen und das geht vielen so. Einige arbeiten bereits seit vielen Jahren zusammen, doch sie wissen praktisch nichts voneinander - nicht einmal jene Dinge, die ganz offensichtlich sind. Mit offensichtlich sind beispielsweise typische alltägliche Verhaltensweisen gemeint.

Wie kommen die Kollegen zur Arbeit, welchen Geschmack haben sie, was bereitet ihnen offensichtlich Freude, welchen Humor haben sie, wie kommen sie zur Arbeit, haben sie eine Familie, welchen Stil verkörpern sie, welche Position haben sie in der Firma inne und was sagt das über ihre Person aus? Was essen sie? Bringen Sie sich ihr Essen von zu Hause mit oder gesellen sie sich in der Kantine gerne zu den anderen Kollegen? Mit wem verbringen sie die Pausen? All jene Fragen haben nichts mit übertriebener Neugier zu tun. Sie zeigen nur, dass wir uns für unsere Umwelt interessieren. Kommt es irgendwann einmal zu einer Diskussion, dann können wir auf unser Wissen zurückgreifen und dieses in Diskussionen einbringen. Wir bemerken beim Beobachten auch den

Wahrheitsgehalt der Aussagen der Person, da wir mittels unserer guten Beobachtungsgabe zu bestimmten Erkenntnissen gelangt sind.

Das Alter der Gesprächspartner und die versteckten Sichtweisen

Seit Anbeginn der Zeit herrschen bestimmte Grundsätze vor. Einer dieser Grundsätze ist jener, dass wir älteren Menschen mit Respekt begegnen sollen. Dieser Grundsatz macht es beinahe unmöglich, sich in Gesprächssituationen mit älteren Gesprächspartnern tatsächlich zu behaupten. Zu schnell knicken wir ein und wollen der älteren Person aus Anstand zu mehr Recht verhelfen. Bei Diskussionen ist das jedoch ein Fauxpas. Das Alter eines Menschen sagt nämlich relativ wenig über die Qualität seiner Argumente und seines Wissensstandes aus.

Andererseits lassen sich bestimmte Dinge tatsächlich aus dem Alter ableiten und diese Kenntnisse sind für uns sinnvoll, wenn wir uns in einem Gespräch mit der betreffenden Person sehen. Indem wir das Alter eines Menschen – ob ungefähr oder genau – kennen, wissen wir bereits viel über sein Weltbild. Wir kennen die Informationen, die er in seiner Kindheit erhalten hat. Ist er mit Disney-Filmen aufgewachsen und erhielt durch diese seine kindlichen Weisheiten oder hat er Sponge Bob gesehen? Ist er in der DDR aufgewachsen, in der BRD oder im Ausland? Welches Weltbild herrschte in seiner Kindheit vor? Hierbei können wir uns an der Allgemeinheit orientieren, an seinen generellen Verhaltensweisen und an dem, was wir vielleicht von Eltern, Großeltern und anderen Personen wissen.

Ist Ihr Gesprächspartner deutlich älter als Sie und beispielsweise in der DDR aufgewachsen, so stecken in ihm noch die Grundzüge des Kommunismus'. Kommunismus ist eine Einstellung, die sich auf das komplette Leben überträgt. Ist Ihr Gesprächspartner lange in der DDR aufgewachsen, so konfrontierte dies ihn mit einem anderen Bild der Welt. Für ihn war es beispielsweise normal, dass sich die Frauen beinahe ausnahmslos in der Berufswelt befanden und sich zusätzlich um Haus und Familie kümmerten. In der damaligen BRD widmete sich die Frau üblicherweise Hausfrauentätigkeiten und nicht jede arbeitete außerhalb des eigenen Heims. Diese Einstellungen der damaligen Zeit sind bei älteren Generationen noch heute vertreten. Selbstverständlich können Sie dazu äußern, dass der Gesprächspartner (unabhängig von seiner Herkunft) aufgrund seiner Lebensgeschichte und früherer Gegebenheiten starr denkt, nicht im jugendlichen Sinne agiert, keine Dynamik vorweist.

Ältere Menschen wurden lange geprägt – durch Erziehung, Schule, Ausbildung, durch Kontakte, allgemeine Gegebenheiten und natürlich durch die langjährige Erfahrung. Sie wissen bei bestimmten Dingen, dass diese einfach so sind und immer so bleiben werden – sich nicht ändern und glauben gleichsam, dass diese Annahmen allgemeingültiger Natur sind. Nicht immer ist dem so. Nicht jeder Jugendliche ist respektlos und weist einen geringen Erfahrungswert auf. Ebenso wenig ist jeder ältere Mensch von Weisheit umgeben, respektvoll und erfahren. Äußern sich ältere Menschen zu neuen Entwicklungen und ist diese Äußerung kritischer Natur, ist sie immer zu hinterfragen.

Auch junge Menschen haben ein bestimmtes Weltbild. Ihnen fehlen manchmal bestimmte Werkzeuge, über die ältere Menschen bereits verfügen. Allerdings sind sie weitaus flexibler, bringen neue Ideen ein, wohingegen viele ältere Menschen auf ihre Meinung beharren. Unterhält sich ein junger Mensch mit Ihnen und Sie wollen den Redefluss behindern, seine Denkstrukturen in Aufregung versetzen, dann kontern Sie mit einem Satz wie „Woher soll er die Problematik kennen, sie einschätzen können, ihm fehlt die notwendige Lebenserfahrung“ oder auch „Aus der Sicht eines jungen Menschen ist es klar, dass man es so sehen muss.

Allerdings ist hier ein umfangreicheres Denken angesagt“. Diese Sätze sind sehr stark, zeigen direkte Wirkung, denn zunächst ist der Gesprächspartner mit dem Hinterfragen und mit dem Finden von Antworten beschäftigt. Das lenkt vom eigentlichen Thema ab und verschafft der eigenen Person einen Vorteil. Achtung! Machen Sie nicht den Fehler zu verallgemeinern. Auch wenn viele junge Menschen wenig Lebenserfahrung haben und viele ältere Personen ein starres, auf Erfahrungen beruhendes Weltbild haben, bestätigen Ausnahmen die Regeln. Beobachten Sie den Gesprächspartner genau, hinterfragen Sie seine Anschauung, erkennen Sie das Muster und äußern Sie sich erst dann.

Das ist sehr bedeutsam. Ist ein junger Mensch beispielsweise sehr eloquent und umsichtig, bringt viele Erfahrungen mit und hat ein starkes Bewusstsein, machen Sie sich mit Aussagen wie „Die jungen Leute wissen eben nicht…“ lächerlich und erfüllen dann als ältere Person das Klischee des alten starren Denkens.

Eine detaillierte Betrachtungsweise initiieren

Kennen Sie das? Sie unterhalten sich mit einer Person, die alles zu wissen scheint und sich bei jedem ihrer Sätze intellektuell über Ihre Person zu stellen versucht. Solche Personen sind häufig relativ unbewaffnet. Ihr Steckenpferd ist es sich in vielen Bereichen des Lebens auszukennen – allerdings nur oberflächlich. Sie wissen beispielsweise, dass Sympathicus und Parasympathicus für die Konsistenz des Speichels verantwortlich sind. Wenn man sie jedoch fragt, wie die Bildung des Speichels erfolgt und wann der Speichel zähflüssig und wann leichtflüssig ist, müssen sie passen.

Diese Personen glänzen also mit Halbwissen. Niemand kann in jedem Bereich so belesen sein, dass er alles darüber weiß. Sitzt Ihnen eine Person mit Halbwissen gegenüber, dann lassen Sie sich gerne auf die Diskussion ein und zeigen Sie der anderen Person die Grenzen ihres Halbwissens auf. Orientieren

Sie sich dabei an den Inhalten des Gesprächs. Gibt es viele Informationen, die aber nicht zusammenhängend sind? Stellen Sie den Zusammenhang her, indem Sie geschickte Fragen formulieren.

Beim Beispiel mit Sympathicus und Parasympathicus fragen Sie - sofern es der Diskussion dienlich ist - nach dem genauen Ort von Sympathicus und Parasympathicus, nach der Bedeutung für den Menschen, danach, was diese Bereiche überhaupt darstellen, ... Äußern Sie, dass Sie gerne umfangreichere Informationen hätten und Ihnen die Angaben des Gesprächspartners zu ungenau sind. Es gibt viele Fragen, die beim Gegner entweder Kenntnis oder Unkenntnis erkennen lassen. In jedem Fall katapultiert ihn jede Frage in eine neue Sphäre. Wenn Sie in einem Bereich einen großen Kenntnisstand bemerken, mit welchem Sie nicht mithalten können, lenken Sie geschickt auf ein anderes Unterthema passend zum Hauptthema. Stellen Sie hierzu eine Frage.

Recht schnell werden Sie merken, dass Ihr Gesprächspartner irgendwann eine Frage nicht beantworten kann. Für eine Person mit dem Wunsch immer gut auszusehen, durch Perfektionismus zu strahlen und mit dem Wunsch immer der Beste zu sein, ist eine von ihm unbeantwortet gebliebene Frage ein großes Problem. Es mindert den von ihm selbst auferlegten Stellenwert und entwaffnet auf ganzer Linie.

Doch Vorsicht! Ihr Gegner könnte auch stärker sein als gedacht. Dann wird er Ihre Strategie erkennen und vielleicht in die Gegenwehr übergehen. Das kann für Sie bedeuten, dass Ihnen Fragen gestellt werden, auf welche Sie nicht vorbereitet sind. Deshalb ist es wichtig das Maß nicht aus den Augen zu verlieren. Wer übermäßig viele Fragen stellt, der lenkt von irgendetwas ab. Bemerkt das der Gesprächspartner, dann hat er die Option das Gespräch zu seinen Gunsten umzulenken. Das gilt es dringend zu vermeiden!

Die eigenen Argumente festigen

Es gibt Diskussionen, in denen man von Anfang an spürt, dass der Gegner stärker ist. An dieser Stelle klein bei zu geben, macht allerdings wenig Sinn. Seien Sie ein würdiger Gesprächspartner. Wer sich auch bei Schwierigkeiten auf eine sachliche Diskussion einlässt, der beherrscht die Rhetorik und andere Personen rechnen ihm die Teilnahme an dem Gespräch hoch an - sofern sie aktiv und nicht passiv ist.

Manchmal spüren wir, dass die Argumente des Gegenübers sehr stark sind, wohingegen die eigenen nicht unbedingt brauchbar erscheinen. In politischen Debatten kommt es häufiger zu derartigen Situationen. Stellen Sie sich vor Politiker würden in derartigen Momenten die Flucht ergreifen und das gesamte Gespräch beenden. Das wäre ein großes Problem für die Gesprächspartner und gleichzeitig für die gesamte Partei. Deshalb greifen die Politiker in solchen Momenten zu anderen Verfahrensweisen. Eine ist es die eigenen Argumente zu festigen. Das geht mit bestimmten Aussagen, die als Grundsatz oder hin und wieder als Appell zu verstehen sind.

Wir greifen uns in diesen Momenten unsere besten Argumente heraus und untermauern sie. Das muss natürlich in einem bestimmten Kontext geschehen. Nicht jedes Argument ist in jeder Gesprächssituation passt. Sobald wir unsere Kernargumente gefunden haben, lenken wir das Gespräch zu Themen, bei welchen wir von den Kernargumenten Gebrauch machen können. Wir festigen sie bei Diskussionspartnern oder auch bei den Zuhörern, indem wir sie als gegebene Tatsache angeben. „Es wäre dumm zu glauben, dass…“ oder „Klar und eindeutig ist…“, „Keine Frage, jeder weiß, dass…“ sind Satzanfänge, die keine Widerworte dulden.

Jene Sätze wirken direkt auf die Psyche des Zuhörers ein. Beginnen wir unseren Satz mit „Wirklich dumm ist, wer meint, dass…“ dann greifen wir direkt auf die Identifizierung der Zuhörer ein. Niemand will „dumm“ sein, weshalb sich viele der Meinung des Redners anschließen – ohne sie gründlich zu hinterfragen. Wir haben dann einen Teil der

Zuhörer auf unserer Seite. Diese Vorgehensweise erzielt große Erfolge, weshalb sie im politischen Sinne, aber auch während Seminaren sowie im Schulunterricht zum Einsatz kommt.

In gewisser Weise manipulieren wir hierbei das Gedankengut unseres Gesprächspartners und ebenso jenes der anderen Zuhörer. Diese Methode zeigt häufig Wirkung - manchmal jedoch nicht. Ob wir damit erfolgreich sind, hängt nicht nur von den Argumenten und von der Anzahl der Vertreter unserer Meinung ab, sondern vor allem von uns selbst. Genießen wir einen hohen Beliebtheitsgrad, haben wir ein seriöses Auftreten, sind wir gern gesehen und für unsere Meinung geschätzt, umgibt uns eine positive Energie, erhellen wir durch unsere Stimmung den gesamten Raum? Dann funktioniert die Strategie.

Wenn wir hingegen weniger beliebt sind als unser Gesprächspartner, nicht besonders geschätzt werden, eine gebückte Haltung und eine geringe positive Energie mitbringen, dann sollten wir zuerst an unserer Erscheinung arbeiten. Es ist wichtig sich um

Authentizität zu bemühen. Umso authentischer, selbstreflektierter und zielsicherer ein Mensch auftritt – ja auch umso empathischer er sich gibt – desto höher liegen seine Chancen auf Erfolg. Dieser fiese Rhetorik-Trick ist daher nur etwas für Menschen, die ihre Meinung behaupten können und dabei viele Anhänger haben.

Tiefgreifende Fragen zur Enttarnung stellen

Unter Punkt 5 habe ich die detaillierte Betrachtungsweise angesprochen. Hierbei ging es jedoch darum einem sich überlegen fühlenden Menschen den Wind aus den Segeln zu nehmen und seine gefühlte Stärke zu schwächen, indem man die eigene Stärke ausbaut. Hierbei ging es auch um die Formulierung von sinnvollen Fragen, die die Unkenntnis zu Tage fördern sollte. Was nützt es jedoch den Gegner zu demaskieren, wenn wir mit seiner Unkenntnis rhetorisch nichts anfangen?

Um diese Frage zu beantworten, greife ich das Thema bei diesem Trick erneut auf. Zuerst geht es darum die Fragen zu einem vom Gegner angesprochenen Argument so sinnvoll zu stellen (und auch tiefgreifend), dass er sich schnell nicht mehr zu behaupten weiß. Irgendwann ist sein Wissen am Ende angelangt. Dann braucht er eine neue

Strategie. Für die Entwicklung dieser Strategie geben wir ihm jedoch keine Zeit.

Wie?

Wir überbrücken jede Schweigesekunde mit einer Frage oder einer Aussage zu einer Frage, auf welche der Gesprächspartner nicht mehr zu kontern weiß. Ist er praktisch unbewaffnet und fühlt sich überfordert, dann verringert sich sein Ansehen bei uns und bei etwaigen Zuhörern. Wir erhalten einen Vorsprung, den wir besser nicht verstreichen lassen. Wir schlagen den Gesprächspartner nun mit seinen eigenen Argumenten, indem wir den Sinn dieser hinterfragen und die eigenen Argumente in den Vordergrund stellen. Wie das geht, habe ich bereits im vorherigen Punkt beschrieben.

Der Gegner gerät nicht nur ins Wanken, er hat nur schwer die Chance sich erneut aktiv am Gespräch zu beteiligen. Hierbei ist keine Rücksicht auf den Gesprächspartner zu nehmen. Eine gute Diskussion lebt von ebenbürtigen Gesprächspartnern. Nur ein Duellant kann das Gespräch für sich entscheiden! Achtung: Die anfänglichen Fragen richten sich zwar gen die gegnerischen Argumente. Allerdings ist es essenziell die Antworten darauf zu kennen. Nur so lassen sich auf die Fragen, die der Gegner nicht beantworten kann, adäquate Antworten finden und nur so hebeln wir seine Strategie aus. Die Strategie ist der rote Faden der Unterredung. Geht er bei einem der Beteiligten verloren, verändert sich der gesamte Inhalt.

Die Zukunft mit einbauen

Bei einer Podiumsdiskussion kommt es nicht nur darauf an die anderen Gesprächsteilnehmer mittels der Stärke der eigenen Rhetorik zu „besiegen". Hierbei geht es auch um die Zuhörer, die sich im Raum befinden und sich passiv an der Diskussion beteiligen. Wir wollen ihre Gedanken einbinden und sie in eine bestimmte Richtung lenken. Das funktioniert vorwiegend durch die Darstellung unserer eigenen Person. Wir versuchen bereits von Anfang an so aufzutreten, dass sich die Zuhörer mit uns identifizieren.

Sprechen wir beispielsweise vor einer Gruppe von Handwerkern, dann erhalten wir mehr Zuspruch, wenn wir uns ihnen optisch anpassen. Damit meine ich nicht, dass wir einer Podiumsdiskussion in Handwerker-Kleidung beiwohnen. Hier geht es um elegant-legeres Auftreten. Auch unsere Sprache hilft uns dabei. Komplizierte Sachverhalte einfach und aus Sicht der Zuhörer zu erklären, das führt immer zu einem großen Zuspruch - egal wer die Zuhörergruppe ist.

Ein weiterer Trick ist es das Thema Zukunft in die Gesprächsdiskussion zu bringen. Viele Menschen befassen sich vermehrt mit der Zukunft. Sie sind selten im Hier und Jetzt. Jetzt ist es an der Zeit von diesem Wissen Gebrauch zu machen und die Gesprächspartner sowie die Zuhörer in die Zukunft einzuladen. Stellen Sie Fragen wie „Wie wird sich diese Situation in zehn Jahren entwickeln?“, „Wo sehen Sie diese oder jene Personengruppe/Berufsgruppe in zehn Jahren?“, „Was würde in x Jahren passieren, wenn wir jetzt so handelten?“. Diese Fragen regen nicht nur die Phantasie der Personen an, sie helfen auch und tragen zur gemeinsamen Lösung bei. Erlauben Sie sich und den anderen Menschen in die Zukunft zu schauen, erzeugen Sie mittels Ihrer Sprache Bilder in den Köpfen.

Erklären Sie, was zukünftig geschehen wird, wenn wir dem Argument eines bestimmten Gesprächspartners Folge leisten würden. Klären Sie über die Folgen auf, erwähnen sie, wie es besser zu machen geht. Sie müssen die Auswirkungen von bestimmten Handlungsweisen kennen. Das setzt ein umfassendes Denken, Logik und den Blick auf die Ganzheit voraus. Vielen fällt das nicht leicht, da sie in manchen Bereichen kaum Kenntnisse haben und Folgen für die Zukunft nicht abschätzen können. Wer sich in dieser Position sieht, der wählt diesen Trick besser nicht aus. Er verlangt einiges ab und wer die anderen Teilnehmer in die Zukunft einlädt, muss mit weiteren gegnerischen Argumenten rechnen. Können Sie diesen mittels eigener Logik die Würze nehmen?

Und: An welcher Position befinden Sie sich? Sind mehrere Teilnehmer vertreten, wobei Sie die einzige Person mit dieser oder jener Meinung sind und die anderen Teilnehmer eine eigene und gleiche Ansicht vertreten? Dann kämpfen Sie nicht gegen Windmühlen! Sie haben so nur dann eine Chance, wenn Ihre Argumente überragend gut sind. Prüfen Sie das vorab und im Gespräch (innerlich).

Den Gegner dazu bringen sich rechtfertigen zu müssen

Ein Gespräch ist dann im Fluss, wenn beide Parteien regelmäßig zu Wort kommen und ihre Meinung äußern. Auch dann ist das Gespräch erfolgreich im Gange, wenn es sich bei dem Redenden um eine Person handelt, der Gesprächspartner schweigt und Zuhörer als indirekter Gesprächspartner agieren. Wenn der Gesprächspartner ein Argument vorgetragen hat, erwartet er eine Reaktion von seinem Gegenüber. Selbstverständlich machte er sich - so er die Gelegenheit dazu hatte - bereits vor dem Gespräch dazu Gedanken, welche potenziellen Reaktionen auf ihn zukommen könnten.

Auch hierauf hat er die passenden Antworten entwickelt. Er lenkt das Gespräch mittels seiner rhetorischen Mittel und Fähigkeiten in eine von ihm gewünschte Richtung. Argumente und Gegenargumente überschlagen sich und zu einem bestimmten Zeitpunkt der Unterredung kommt es zum

Höhepunkt des Gesprächs. Der Gegner fühlt sich mitten in seinem argumentativen Hoch. Jetzt gilt es ihn zu blockieren und das ist durch Schweigen möglich. Ignoranz funktioniert jedoch nicht nur durch das Schweigen. Auch wenn wir unseren Blick abwenden und uns für scheinbar triviale Dinge interessieren – uns beispielsweise dem Reinigen der Brille widmen oder tun als ob wir uns vom Licht gestört fühlen – lenken wir den Gegner nicht nur ab.

Wir zeigen ihm auch, dass das Gesagte für uns keine oder kaum Gültigkeit hat. Er spürt, dass er uns mehr überzeugen muss, weshalb sich der Gesprächspartner in einer Schuld befindet. Zurück bleibt bei ihm das Gefühl sich rechtfertigen zu müssen, er fühlt sich unverstanden und unglaubwürdig. Das setzt ihn unter hohen Druck. Nicht immer kann ein Gesprächspartner diesem Stand halten. Häufig verfängt er sich nun in den Verstrickungen seiner eigenen Argumente. Andere Gegner reagieren innerlich mit Wut. Diese Wut macht sie ebenso unfähig klare Gedanken zu fassen, vielleicht werden sie sogar ausfallend. Wir haben den Gegner verbal geschlagen.

Ein klares Zeichen von „Sie verschwenden meine Zeit“ setzen Sie, wenn Sie während der Argumentation des Gesprächspartners einen Blick auf die Uhr am Handgelenk werfen. Damit setzen Sie ein starkes Zeichen und spielen das Gefühl von Ihrer Überlegenheit aus. Zugegeben: Diese Variante ist sehr unfair und sind Zuhörer im Gespräch anwesend, kann diese Art der Vorgehensweise schnell ins Gegenteil umschlagen. Ignorieren Sie Ihren Gegner, kann das für Außenstehende wie Respektlosigkeit und nicht wie ein Mittel zum Sieg innerhalb der Diskussion aussehen.

Damit machen Sie sich womöglich keine Freunde, vielleicht beklagen sich die Zuschauer sogar, denn sie fühlen sich um ihre eigene Zeit betrogen. Wägen Sie Ihre Tricks also immer genau ab. Nicht jeder Trick macht Sinn, wenn sich Zuschauer/Zuhörer im Raum befinden.

Desinteresse zeigen und das Thema der Schwächen

Das wohl Schlimmste, was einem Gesprächspartner passieren kann, ist das Desinteresse seines Gegenübers. Das kennen wir bereits aus einfachen Gesprächen des Alltags, die sich nicht im Rahmen von Diskussionen bewegen. Wie im vorherigen fiesen Rhetorik-Trick können Sie Ihr Desinteresse in Form eines Blickes auf die Armbanduhr zeigen. Natürlich ist es demonstrativ möglich sich einer anderen Tätigkeit zu widmen, etwa mit den Fingern zu spielen, eine Abwehrhaltung einzunehmen, indem wir beispielsweise die Arme hinter dem Kopf kreuzen, sodass sich die Hände berühren.

Diese Haltung – begleitet vom legeren Sitzen im Stuhl – zeigt, dass Sie gelangweilt und darüber hinaus nicht angreifbar sind. Der Gegner ist in erster Linie irritiert. Umgekehrt ist es möglich, dass der Gesprächspartner diese Taktik bei Ihnen anwendet. Lassen Sie sich nicht aus der Ruhe bringen. Zeigen Sie ihm demonstrativ, dass Sie nicht unter ihm stehen, seine Strategie erkannt haben und damit umzugehen wissen. Häufig genügt ein kurzer „abwertender“ Blick im Sinne von hochgezogenen Augenbrauen. Dieser Blick – direkt in Richtung Ihres Gegenübers gerichtet zeigt, dass Sie sein Verhalten kindisch und respektlos finden. Sie geben ihm außerdem zu verstehen, dass diese Strategie der Unterredung nicht dienlich ist.

Den Gesprächspartner direkt darauf hinzuweisen, ist hingegen nur dann zu empfehlen, wenn sein Verhalten stärkere Ausmaße annimmt oder er massiv respektlos handelt. Das Wichtigste aber ist es sich auf das Spielchen nicht einzulassen. Der Gegner will Sie provozieren, er will Sie an Ihre Grenzen bringen. Reagieren Sie beleidigt, wütend oder verletzt, dann hat er sein Ziel mit Ihrer Hilfe erreicht. Sofern Sie ein solches Verhalten nicht dulden können, weil Sie sich dann mit eigenen Schwächen konfrontiert sehen, dann arbeiten Sie an sich.

Gesprächspartner ermitteln Ihre Schwächen recht schnell und halten Ihnen diese wie einen Spiegel vor. Das ist nicht nur nicht schön, es kann auch zu plötzlichen Gefühlsausbrüchen Ihrerseits führen. Das wäre Ihnen mit Sicherheit sehr unangenehm, denn Sie müssten das Gespräch vorzeitig beenden und sich somit geschlagen geben. Das ist nicht Sinn der Sache. Damit Sie jede Diskussion für sich entscheiden, werden Sie mit sich bewusster, nehmen Sie nicht nur Ihre Stärken sondern auch Ihre Schwächen wahr. Dadurch bieten Sie den Gegnern keinen Raum Sie aufgrund irgendeiner Unzulänglichkeit anzugreifen und sollte das Gegenüber dennoch eine Angriffsfläche bemerken, dann haben Sie die mentale Fähigkeit schnell zu reagieren und mit Witz und Stil zu brillieren.

Machen Sie nicht den Fehler beim Gegner Schwächen zu erkennen, diese strategisch einzubeziehen und nicht daran zu denken, dass der Gegner auch auf Ihrer Seite Schwächen erkennen und darauf reagieren kann. Wer in den verbalen Kampf geht, muss immer mit Gegenwehr rechnen. Dabei ist es egal, ob es sich um aktive verbale Argumente handelt oder ob die Gegenwehr darauf abzielt das eigene Desinteresse zu zeigen.

Statistische und wissenschaftliche Fakten einbeziehen

Statistische und wissenschaftliche Beweise für das Gesagte verstärken den Effekt beim Gegenüber und bei etwaigen Zuhörern. Trotzdem macht es keinen Sinn in jedem zweiten Satz auf irgendwelche Zahlen und Randinformationen zu verweisen. Viel besser ist es an genau ausgewählten Stellen darauf hinzuweisen. Sämtliche eingesetzte Fakten sollten der Wahrheit entsprechen und nicht an den Haaren herbeigezogen worden sein.

Vorab ist es also wichtig sich eingehend mit dem Diskussionsthema zu befassen. Sofern es sich nicht um eine geplante Diskussion handelt, ist die Vorlage von wissenschaftlichen Fakten nur selten möglich. Dann macht es auch wenig Sinn sich die statistischen Fakten auszudenken, sie anzunehmen und in die Diskussion einzubinden. Sobald der Gesprächspartner die Lüge herausgefunden hat, verlieren wir unsere Glaubwürdigkeit. In kommenden

Diskussionen wird er – sofern Sie erneut nicht bewiesene Fakten einzubinden suchen – die Lüge aufdecken und Sie haben keine Möglichkeit diesen Fehler wieder gut zu machen.

Daher: Statistische Fakten und Ergebnisse aus wissenschaftlichen Studien intensivieren zwar das Gesagte, müssen dafür aber irgendwo festgehalten worden sein. Beide Gesprächspartner brauchen Zugang zu den gesammelten Fakten. Bei vorbereiteten und somit geplanten Diskussionen ist es empfehlenswert sich die nennenswerten Daten auszudrucken oder – sofern dies nicht möglich ist (beispielsweise aufgrund der Komplexität der Fakten) – die Quelle der Daten zu nennen. Achtung: Bitte nur Fakten aus seriösen Quellen nehmen. Konzentrieren Sie sich hierbei auf die Wissenschaftlichkeit und nicht auf persönliche Aussagen innerhalb von Foren oder Stadtgesprächen. Es geht um die Professionalität, bewahren Sie diese!

Wichtig: Häufig kommt es vor, dass Ihr Gegenüber nicht nur Beweise für die Studien sehen will. Er will auch mehr über den Inhalt der Studie erfahren. Wenn Sie also mit Fakten arbeiten, dann sollten Sie die Fakten auch genau kennen. Sie sollten wissen, welchen Inhalt die wissenschaftliche Untersuchung hatte, weshalb sie überhaupt stattfand, wie viele Personen daran teilgenommen haben und welche Auswirkungen dieser Test auf alle Gruppen – nicht nur auf die für Ihre Diskussion interessante – hatte.

Sofern Ihr Gegenüber mit derartigen Erhebungen arbeitet, dann können Sie ihm umgekehrt natürlich auch die verschiedensten Fragen zur vorgestellten Studie stellen. Dadurch gerät er ins Nachdenken, das lenkt ihn von der ursprünglich geplanten Argumentationsreihe ab und zeigt, ob er sich tatsächlich eingehend mit dem Thema befasst hat oder ob sein Wissen oberflächlicher Natur ist.

Indirekter verbaler Angriff

Diskussionen sollten immer einen wenig persönlichen Charakter haben. Umso rationaler Sie die Dinge betrachten und umso objektiver Ihnen Ihr Gegenüber begegnet, desto sachlicher und zielorientierter bewegt sich die Diskussion. Natürlich ist diese Verfahrensweise kein Garant für das Auffinden einer Lösung. Dennoch schätzen vor allem Zuhörer/Zuschauer, wenn sich beide Parteien auf professioneller Ebene begegnen und der Schlagabtausch eher verbal erfolgt – sich jedoch stets dem Thema widmet.

Zugegeben: Interessant ist eine solche Diskussion nicht unbedingt. Viel spannender ist es, wenn die Duellanten in den Direktangriff übergehen – auch wenn das der eigentlichen Sache nur bedingt dienlich ist. Mit Direktangriff beziehe ich mich auf einen verbal kriegerischen und nicht auf einen körperlich aggressiven Austausch. Hierbei kann man bereits so manch eine Regel brechen – wie etwa die der Anrede. Im Regelfall beziehen die meisten Menschen

Problematiken aus Höflichkeit auf sich. Hat sich der Gesprächspartner missverständlich ausgedrückt, so reagieren sie, indem sie ihn darauf aufmerksam machen, dass sie selbst das Gesagte nicht richtig verstanden haben und er seinen Satz wiederholen soll. Allerdings geht das auch umgedreht und ist dann als eine Art Einschüchterungsmethode zu verstehen.

Sagen Sie also besser: „Sie haben sich missverständlich ausgedrückt. Erklären Sie das Gesagte erneut." Beziehen Sie sich – sobald Sie eine Pause oder sonstige Unterbrechung im Redefluss der Diskussion bemerken – unbedingt auf Ihren Gesprächspartner. Lassen Sie keine Fehler auf Ihrer Seite stehen. Was macht diese Vorgehensweise mit Ihrem Gegenüber? Der Gesprächspartner fühlt sich im ersten Moment vor den Kopf gestoßen. Vielleicht ist er sogar wütend. Diese Wut behindert sein freies Reden, er konzentriert sich vermehrt auf Sie, das eigentliche Thema drängt sich auf seiner Seite aus dem Fokus. Das spielt Ihnen zu, denn nun haben Sie die Möglichkeit die

Gestaltung Ihrer Argumente anzuheben und somit ihre Wirkung zu stärken. Den Gesprächspartner bringt das weiter in Rage. Jetzt ist sein Bewusstsein gefragt. Welche mentale Stärke besitzt er? Wie sachlich kann er mit der Situation umgehen? Fühlt er sich schnell eingeschüchtert und zieht sich sprichwörtlich in sein Schneckenhaus zurück? Reagiert er mit erhobener Stimme und zeigt seine Aggression und somit seine Unzulänglichkeit? Oder lässt ihn das völlig kalt, reagiert er mit psychologisch korrekten Sätzen, die das Gesagte minimieren und Sie schlecht dastehen lassen.

Zu welcher Gruppe der Gegner zählt, sagt uns meist die Menschenkenntnis. Wie gibt er sich, wie kleidet er sich, welche Haltung nimmt er ein, wie klar redet er, wie deutlich schaut er in unsere Augen, welches Ansehen genießt er? All diese Beobachtungen führen zu dem Schluss, dass wir ihm entweder ein verbales Bein stellen oder nicht, um uns selbst zu schützen.

Eine weitere Sache: Viele Redner wollen Respekt von Ihrem Gegenüber. Bleiben Sie dabei, zeigen Sie Respekt, hofieren Sie jedoch nicht und bekennen Sie Farbe. Das ist wichtig, da Sie sonst selbst zum Opfer der Diskussion werden. Wenn wir uns trauen, dürfen wir dennoch ruhig ein bisschen versteckt frech sein. Duzen Sie Ihren Gesprächspartner, verlassen Sie also den Rahmen des üblichen Respekts. Seien Sie ansonsten freundlich, vielleicht ein wenig zynisch, aber immer gut bedacht und nie aus einer negativen Emotion heraus.

Was auch immer Ihr Gesprächspartner zu Ihnen sagt: Sie nehmen es unter keinen Umständen persönlich! Bedenken Sie immer: Ihr Gegenüber ist gewillt eine Diskussion zu gewinnen. Er oder sie konzentriert sich gänzlich darauf und hin und wieder entgleitet die Diskussion womöglich.

Viele Argumente enthalten auch persönliche Wertungen. Das ist etwas, womit Sie als Gesprächspartner rechnen müssen. Wenn Sie sich nun angesprochen und beleidigt fühlen, dann reagieren Sie trotzig, wütend, aggressiv, traurig, weinerlich oder apathisch. Alle Reaktionen sind einem kindlichen Charakter zuzuschreiben und diesen wollen Sie nicht demonstrieren.

Nehmen Sie diese Art der indirekten Angriffe also nicht an, stoßen Sie sie durch Sachlichkeit und eine verbal geschickte Gegenwehr ab. Atmen Sie in sich hinein, horchen Sie in sich hinein, versuchen Sie zu jedem Zeitpunkt des Gesprächs die innere Balance zu erhalten und steigern Sie Ihr Energielevel, richten Sie sich so auf das Wesentliche aus.

Die Konzentrationsdefizite des menschlichen Gehirns ausnutzen

Nicht immer finden Diskussionen im beruflichen Bereich statt. Häufig unterhalten wir uns auch im Privatleben und die Unterredung nimmt diskussionsartige Formen an. Es kann sich jedoch auch nur um eine Frage handeln, welche auf eine Entscheidung abzielt. Gerade im Bereich des Marketings ist es so, dass viele Profis die Strukturen des menschlichen Gehirns im Zusammenhang mit Sprache und Marktpsychologie kennen und die sich daraus ergebenen Techniken zielsicher anwenden. Eine dieser Techniken zielt darauf ab die Schwächen des Gehirns auszunutzen. Das Gehirn ist nämlich nicht immer und zu jeder Zeit gleich konzentriert.

Betreten wir einen neuen Raum, in welchem es viele Reize gibt (Bahnhofshalle, Fast-Food-Restaurant, Hotel, …), dann ist unser Gehirn erst einmal von den vielen verschiedenen Reizen abgelenkt. Es wertet die Situation für sich aus, schaut sich die Umgebung an, ermittelt die Personen, die sich im Raum befinden, das allgemeine Geschehen und stellt für sich die Position fest. Sobald dieser Punkt abgeschlossen ist, widmet es sich seiner Aufgabe – beispielsweise am Schalter eine Karte zu kaufen. Bei manchen Menschen dauert es etwas länger bis sie ins Gleichgewicht und in ihre Konzentration geraten. Bei anderen Personen geht das ganz schnell. In jedem Fall ist diese Phase bei jedem Menschen vorhanden. Das ist auch der Grund, weshalb bekannte Marken und Läden einfache verkaufspsychologische Tricks kennen und diese bei jeder Unterhaltung oder auch Diskussion einsetzen.

Ein Beispiel: Sie kommen gerade in ein Mitnahme-Restaurant. Dort gehen Sie zielsicher auf die Bestellkarte zu. Da kommt auch schon die Mitarbeiterin und fragt sie, was Sie wünschen. Sie waren soeben noch mit den Reizen der Bestellkarte beschäftigt und können nicht so schnell reagieren. Diese kurze Zeit der schlechteren Konzentration nutzt die Mitarbeiterin aus und stellt Ihnen eine Frage, die Sie in den meisten Fällen zu Gunsten des Geschäfts entscheiden werden. Sie fragt Sie danach, in welcher Größe/Form Sie das Gericht wünschen und das tut sie auf präzise Weise: „Möchten Sie eine kleine oder eine große Portion Pommes?“ Der erste Teil des Satzes geht bei Ihnen meist völlig unter. Zu sehr sind Sie von den Reizen beeindruckt. Erst dann bemerken Sie, dass die Mitarbeiterin mit Ihnen spricht und Ihnen eine Frage gestellt hat.

Sie haben jedoch nur den zweiten Teil der Frage konzentriert wahrgenommen und hier befand sich das Schlagwort „große Portion Pommes“. Darauf beziehen Sie sich und wählen die große Portion. In Diskussionen kann Ihnen dieses Wissen ebenso dienlich sein. Gleich zu Beginn einer geplanten Diskussion – wie etwa einer Podiumsdiskussion – sprechen Sie einzelne Teilnehmer an. Während sich diese noch mit den Reizen beschäftigen, richten Sie Ihren Reiz ganz allein auf den Gesprächspartner, der Ihnen bei geschickten Fragen in die Falle geht.

Offensichtliches zur Falle machen

Wenn Sie im Verkaufsbereich tätig sind und Diskussionen mit potenziellen Käufern entweder im Sinne des Geschäfts führen oder sich gänzlich davon befreien wollen, dann gebe ich Ihnen hiermit eine der wirksamsten Methoden an die Hand. Jeder Diskussion wohnen mindestens zwei Personen bei. Beobachten Sie Ihren Gesprächspartner genau. Innerhalb von Zweier-Diskussionen im geschlossenen Raum können Sie anhand von verschiedenen offensichtlichen Dingen bereits einige Aussagen zur Person treffen. Dafür müssen Sie bislang nicht einmal direkt mit der Person in Kontakt getreten sein.

Sehen Sie sich beispielsweise an, welche Farben er für seine Kleidung wählte. Fragen Sie sich, was er mit seiner Kleidung ausdrücken will, welchen Eindruck diese Art der Kleidung bei Ihnen hinterlässt. Welche Körperform hat Ihr Gegenüber? Ist er schlank und wirkt drahtig, hat einen eher hektischen Blick? Dann können Sie sich auf eine hitzige Diskussion einstellen. Oder ist er etwas fülliger und strahlt Ruhe aus? In diesem Fall könnte Ihnen seine Harmonie zur Schwierigkeit werden. Nur selten lassen sich gemütliche Menschen aus der Ruhe bringen. Wie bewegt er sich? Zielsicher oder eher ungenau? Was strahlt er aus? Selbstbewusstsein oder innere Einkehr? Gehen Sie innerlich in die Wertung, nutzen Sie die Erkenntnisse aus Ihrem Leben und kategorisieren Sie Ihren Gesprächspartner umfassend.

Sobald Sie ein Bild von ihm haben, haben Sie ebenso ein Bild von seinen offensichtlichen Schwachstellen. Übrigens: Diese Art zu agieren finden wir bei vielen Großmärkten vor. Die meisten Mitarbeiter erhalten dort eine umfassende Schulung. Sie teilen die Kundschaft in Kategorien ein, sodass sie vorab einschätzen können, ob eine Beratung Sinn macht. Eine „Giraffe“ ist beispielsweise ein Kunde, der sich zwar alles ansieht, aber nur oberflächlich. Er hat kein wirkliches Interesse am Kauf eines Produkts, er schlendert aus Freude durch den Laden. Allerdings weiß er nicht, was er will. Mit diesem Kundentyp eine Unterhaltung zu beginnen, endet in manchen Fällen in einer Diskussion, die der Verkäufer nicht gewinnen kann. Anders ist es mit der „Eule“. Sie schaut sich ein Produkt ganz genau an. Das bedeutet, dass sie ein starkes Interesse an den Dingen an und der Kauf ist nur noch Formsache. Die Beratung macht Sinn, der Verkauf erfolgt in den meisten Fällen. Der Hai ist recht unangenehm. Er möchte zwar ein Produkt haben, doch er will sich vorab umfassend beraten lassen. Diese Beratung nutzt er, um zu diskutieren. Er will das perfekte Produkt und er will vor allem diskutieren, streiten. Ob er am Ende das Produkt kauft, ist fraglich. Auf alle Fälle nimmt er viel Zeit in Anspruch. Zeit, innerhalb welcher andere Kunden verloren gehen. Das Beispiel der Kategorisierung der Kunden ist jedem Verkäufer sinnvoll, um Diskussionen oder Verkaufsgespräche erst einmal in Gang zu bringen oder davon abzusehen. Doch auch in anderen Diskussionen lässt sich das Wissen anwenden, um die Diskussion für sich zu entscheiden.

Ist unser Gegenüber mehr wie eine „Giraffe“, interessiert es sich ausschließlich für die Oberflächlichkeiten, so schlagen wir sie durch tiefgreifendes Wissen. Der Gesprächspartner hat viel Wissen in vielen Bereichen. Allerdings ist keines besonders tiefgehend, hier setzen wir an. Ist unser Gegenüber eher mit einer „Eule“ zu vergleichen, so hat es Spezialwissen in einem Bereich. Die restlichen Teile lässt es gänzlich aus, wir können dann mit themenverwandtem Fachwissen punkten und die Argumente der „Eule“ schlagen. Bei einem „Hai“ macht die Flucht nur im Verkaufsraum Sinn. Wenn wir uns in einer Diskussion mit einem „Hai“ befinden, dann nutzen wir unsere verbalen Strategien, um ihn zu besiegen. Hier geht es vermehrt um einen verbalen Austausch, die Fakten sind von untergeordnetem Interesse.

Daher: Der „Hai“ braucht eine Struktur, er sollte mittels psychologischer Tricks und mit Hilfe einer sinnvollen Argumentstruktur überzeugt werden. Er braucht Ruhe, denn er ist hitzig und verhält sich gegnerisch. Mit einem solchen Menschen in Diskussion zu treten, bedeutet, dass wir mental sehr stark sein müssen. Ansonsten gehen wir geschwächt aus dem Gespräch, haben die Diskussion verloren und der „Hai“ hat uns besiegt. Achten Sie bei Ihrer Wertung beziehungsweise bei der Kategorisierung Ihres Gegenübers immer darauf selbst nicht in emotionale Strukturen zu verfallen, bleiben Sie rational und überbewerten Sie nicht. Auf diese Weise erhalten Sie ein glaubwürdiges Gesamtbild des Gegenübers, welches Sie für sich und gegen Ihren Gesprächspartner verwenden können.

Die ewige Frage

Fragen dienen in erster Linie dazu das Gesagte nachzuvollziehen. Außerdem helfen sie uns zu einer detaillierteren Kenntnis zu gelangen. Innerhalb einer Diskussion können sie jedoch vernichtend sein. Das gilt vor allem für das ewige Fragen. Unser Gesprächsgegner möchte seine Meinung äußern und informiert sachlich über eine bestimmte Thematik. Wir verstehen uns aufgrund unserer gegensätzlichen Meinung als Widersacher und haben das Ziel den Gesprächspartner aus seinem Redefluss zu bringen.

Das schaffen wir, indem wir Fragen einbauen. Die Fragen beziehen sich auf das vom Gegner Gesagte, allerdings gehen sie ein wenig in eine andere Richtung. Diese andere Richtung zwingt das Gegenüber zum Umdenken, es verliert für einen Moment den Zugang zu seinem Inhalt. Ein Beispiel: Unser Gegenüber informiert über die Folgen des Klimawandels für Eisbären. Die Erklärungen sind sehr ausführlich, doch sie beziehen die Ist-Situation der Eisbären nicht ein. Fragen Sie ihn beispielsweise wie viele Eisbären es aktuell gibt und wie die jetzt lebenden Eisbären die Veränderungen durch den Klimawandel zu spüren kriegen. Nun überlegt Ihr Gegenüber. Vielleicht hat der Gesprächspartner die Antwort parat, vielleicht ist er jedoch überfordert. Im nächsten Moment berichtet er über das Artensterben in den Wüsten. Sie gehen präzise darauf ein und fragen ihn, wie viele Arten es aktuell in der Wüste gibt und wie sich die Situation mengenmäßig innerhalb der nächsten x Jahre verändert.

Erneut bringen wir den Gesprächspartner in eine schwierige Lage. Hier zeigt sich wie gut er vorbereitet ist. Wenn Sie keine direkte Frage zum Thema stellen können oder wollen, wie wäre es dann mit dem In-Frage-Stellen der Meinung des Gegners? Nehmen wir an Ihr Gesprächsgegner ist gegen den Klimawandel, Sie hingegen sind überzeugt vom Klimawandel. Tut er seine Meinung kund, dann fragen Sie ihn: „Denken Sie wirklich so?“, „Ist das allen Ernstes Ihre Meinung?“, „Finden Sie dieses oder jenes wirklich gut?“ und weiteres. Wann immer Sie eine Frage stellen, hinterfragt der Sprecher das von ihm Gesagte erneut. Dafür braucht er Zeit. Zeit, die ihm für sinnvolle Argumente verloren geht. Locken Sie ihn aus der Reserve.

Sofern es Zuschauer gibt, ist es immer sinnvoll, sich vorab mit der allgemeinen Meinung der Zuschauer zu befassen und diese mit einzubeziehen. Auf diese Weise haben Sie bereits einige Fürsprecher. Sie stärken Sie beispielsweise mit einem Zuspruch oder mit Applaus. Das steigert Ihr Selbstbewusstsein in der Diskussion und hilft Ihnen dabei weiter noch mehr Zeit für Ihre Argumente zu ergattern. Wenn Ihr Gegenüber versucht Sie aus der Reserve zu locken und selbst immer wieder zu Fragen greift, Sie zu unterbrechen versucht, dann sollten Sie wachsam sein. Unterbrechen Sie diese vielen Fragen, indem Sie Antworten liefern, die das Problem auf der Seite des Fragenstellers lassen.

Die Nebensache zur Hauptsache umfunktionieren

Das Hauptthema ist, worum sich alles dreht. Beide Gesprächsparteien haben sich entweder gut darauf vorbereitet oder sind generell gut informiert und kommen aufgrund dieser Tatsache in eine „spontane" Diskussion. Dabei fokussieren sie sich permanent auf das Hauptgebiet. Jeder hat seinen Standpunkt und beharrt darauf. Eine Lösung oder ein Diskussionsstillstand rückt in weite Ferne. Das ist umso mehr der Fall, desto eher sich die beiden Gesprächsparteien auf einem Niveau bewegen. Sie können das Schema der ewigen Diskussion durchbrechen, indem Sie vom Hauptthema abrücken und dem Gesprächspartner seine Stärke und auch hier die klare Linie nehmen.

Der Gegner ist nun damit beschäftigt eine von ihm zum Hauptthema gehörende Nebensache genauer zu erläutern. Das gehörte eigentlich nicht in die Diskussion, war so nicht von ihm geplant. Er fühlt sich bloßgestellt und muss sich aus Ihren Fängen befreien. Manchmal schafft er das, indem er das Ganze im Blick behält und erneut eine Brücke zum Hauptthema schlägt. Doch umso mehr Sie die Nebensächlichkeiten der Hauptdiskussion zum Kernpunkt machen, desto mehr Brücken braucht das Gespräch. Irgendwann verliert der Gesprächspartner den Überblick und gerät somit von einer Nebensache zur nächsten. Ein klarer Redefluss ist dann nur noch schwer möglich. Ihre Zeit ist nun gekommen Ihr Hauptthema zum Zentrum der Diskussion zu machen. Zumeist beleuchtet der Diskussionspartner das Gespräch nur aus seiner Sicht. Hat er den Bezug zu seiner Struktur verloren, dann gewinnt Ihre Sichtweise. Er weiß dieser nichts entgegen zu setzen, da ihm die Kenntnisse zur gegensätzlichen Meinung fehlen.

Umgedreht: Der Gesprächspartner lenkt Sie immer wieder ab und konzentriert sich und Ihr Interesse auf nebensächliche Themen. Erkennen Sie das schnell und nehmen Sie ihm die Chance dies zu tun. Das tun Sie durch ein kurzes aber nicht präzises Eingehen auf die

Frage zum nebensächlichen Thema. Sie widmen dieser nicht viel Zeit, bleiben jedoch höflich. Danach geht es zurück zum Hauptthema. Bleiben Sie konzentriert und lassen Sie sich auf gar keinen Fall ablenken. Nach einer Weile bemerkt der Gesprächspartner, dass das Ablenkungsmanöver nicht funktioniert hat und sucht sich entweder eine neue Strategie, oder er gibt sich geschlagen.

Stellen Sie die Kompetenz des Gegenübers in Frage

Dieser Trick funktioniert nur, wenn Sie sehr gut über das Diskussionsthema informiert sind. Wenn Ihr Gegenüber spricht und seine Argumente vorlegt, dann fragen Sie sich immer, welche Gegenargumente es geben könnte. Beispielsweise lautet sein Argument: Er ist für die Abschaffung der Pflicht eine gesetzliche Krankenkasse zu haben, denn viele Selbstständige können sich diese nicht mehr leisten und geraten in Schulden. Sie erwidern in diesem Moment, dass dies zwar stimmen mag. Allerdings geben Sie zu verstehen, dass die Problematik nicht ausreichend durchdacht wurde.

Was ist beispielsweise, wenn die Selbstständigen ohne Versicherung erkranken, dann haben sie keine Rücklagen geschaffen und können für ihre Behandlung nicht aufkommen. Dadurch verschulden sie sich weiter, sodass die Abschaffung langfristig zu mehr Problemen führen würde. Dieses ist ein einfaches Beispiel. In vielen Diskussionen geht es komplexer und vor allem schneller zu. Hier sind Sie gefragt! Überlegen Sie sich immer, wie ein Gegenargument aussehen könnte und äußern Sie, dass die Betrachtungsweise des Gegenspielers einen geringen Umfang aufweist. Setzen Sie auf Komplexität. Sorgen Sie dafür, dass Ihr Gesprächspartner kein Detail auslässt, das Thema von jeder Seite aus betrachtet wird.

Auch das bringt den Gegner in eine schwierige Situation. Seine Kenntnisse sind gefragt. Weiß er manche Äußerungen nicht zu beantworten, dann verringert sich sein Selbstbewusstsein in der Diskussion. Er gibt sich geschlagen. Achten Sie darauf, dass Ihre Strategie keine vernichtenden Ausmaße annimmt, da dies zu keinem befriedigenden Endergebnis führt.

Mit Aussagen provozieren

Ein provokantes Verhalten löst immer etwas aus. Findet es innerhalb einer hitzigen Diskussion statt, dann kann das zu einer weiteren Aggression der Gemüter führen. Provokationen zeigen jedoch auch die Stärke der beteiligten Gesprächsparteien. Der, der provoziert, zeigt sich überlegen und ist im Stande mit einer Gegenwehr umzugehen. Der Provozierte sollte die Provokation abzuwehren wissen und gleichsam objektiv bleiben. Die menschliche Psyche braucht jedoch viel Training und ein starkes Selbstbewusstsein, um in einer solchen Situation weiterhin professionell zu bleiben.

Eine andere Person zu provozieren, ist ganz leicht. Sofern Sie sich unverschämt – aber nicht beleidigend – äußern, irritieren Sie Ihren Gesprächspartner. Auch kleine Spitzen und freche Bemerkungen regen das emotionale Zentrum des Gegenübers an. Mit den Provokationen umzugehen, ist für viele Menschen nicht leicht. Einige flüchten innerlich oder sogar körperlich, andere

Personen geraten ins Stottern oder beginnen zu schweigen, viele entscheiden sich für die Gegenwehr und verlassen dabei ihre Kompetenz und wer sich selbst gut beobachtet und lange entwickelt hat, den lässt jede Provokation kalt. Deshalb sollten Sie Ihren Gegner bereits zu Beginn der Diskussion einschätzen.

Welcher Gruppe gehört er an? Wie können Sie das Wissen so einsetzen, dass Sie den Gegner mit einfachen Provokationen aus der Reserve locken? Sobald er augenscheinlich wütend wird – das ist anhand von verschiedenen Veränderungen sichtbar (hier gilt es gut und konzentriert zu beobachten) – fragen Sie ihn, was ihn so ärgerlich macht, warum er sich aufregt. In diesem Moment fühlt er sich als Opfer enttarnt, was ihn stören wird. Ist der Gegner stark, geht er in die Konfrontation oder richtet den Fokus erneut auf das eigentliche Thema. Sofern er schwach ist, gibt es verschiedene Möglichkeiten für ihn. Ein sehr schwacher Mensch wird den Raum verlassen, manche sind wie erstarrt und reden nicht, einige brechen in Tränen aus und andere Personen wirken zurückgezogen. Wut kann also schnell zum Problem werden und eventuell sogar Mitleid auf Seiten der Zuschauer oder Zuhörer auslösen. Sind Sie der Provozierende gewesen, dann kostet das Sie in jedem Fall Pluspunkte. Also: Immer mit Bedacht handeln und trotz der fiesen Rhetorik-Tricks menschlich bleiben.

Das Fazit des Gegners umkehren

Nach einem argumentativen Gewirr kommt das Gegenüber zu einem Schlusssatz. Dieser Schlusssatz ist entweder klar formuliert oder er geht aus den Inhalten hervor. Wer rhetorisch begabt ist, kann die Argumente des Gegners so betrachten, dass sein Fazit ganz anders aussieht als angedacht. Dabei gilt es nicht nur die Worte sinnvoll umzudrehen, sondern auch einen Strick aus dem Gesagten zu formen. Jener Trick ist nur von geübten Rhetorikern anzuwenden.

Es braucht viel Training, um Aussagen so umzukehren, dass Zuhörer und auch der Gesprächsgegner tatsächlich das Gefühl haben, dass das Gegenüber diese Meinung vertritt. Ist es uns gelungen, dann kommt es auch hier auf die mentale Stärke des Gesprächspartners an. Hier ist jedoch auch die Intelligenz ausschlaggebend. Umso schlauer ein Mensch ist, desto schneller begreift er die Strategie und kann sie gegen Sie einsetzen. Dann ist es ein Duell auf gleichem Niveau. Das Können bestimmt, wer innerhalb der

Diskussion siegt und wer sich mit dem 2. Platz geschlagen geben muss.

Schlusswort

Schön, dass Sie dieses Buch bis hierher durchgearbeitet haben. Sicherlich sind Sie innerhalb der 20 fiesen Rhetorik-Tricks dem einen oder anderen begegnet, den Sie so noch nicht kannten. Alle Tricks lassen sich in verschiedenen Situationen anwenden und mit ein wenig Übung macht es sogar richtig Spaß.

Allerdings sind die Tricks mit Vorsicht zu genießen. Wenn die Diskussionen mit Ihnen immer sehr anstrengend sind, weil Sie diese fiesen Tricks dauerhaft anwenden, werden sich andere Menschen von Ihnen distanzieren. In manchen Diskussionen geht es nicht um Perfektionismus. Es ist nicht wichtig diese zu gewinnen oder zu verlieren. Gerade im Alltag wollen sich andere Menschen einfach nur mit Ihnen austauschen. Es ist nicht ihr Ansinnen mit Ihnen in die Tiefe von Streitthemen zu gehen.

Lassen Sie sich also auch bei gegensätzlichen Ansichten gerne einmal treiben, hören Sie anderen Menschen zu, gehen Sie auf Ihre

Meinung ein. Seien Sie jedoch nicht besserwisserisch, denn diese Eigenschaft mag kaum einer. Die innerhalb dieses Buchs genannten Tricks helfen Ihnen vor allem in brenzligen Situationen weiter.

Mit brenzlig meine ich beispielsweise ernsthafte Diskussionen innerhalb der Firma oder Podiumsdiskussionen mit einem stark fachlichen Charakter. Natürlich bietet sich der eine oder andere Trick auch im privaten Bereich an, etwa dann, wenn jemand Sie niederzumachen versucht oder bloßstellen will. Dann erkennen Sie seine Strategie und können sich aufgrund Ihrer rhetorischen Fähigkeiten gegen solche Personen behaupten.

Machen Sie jedoch niemals den Fehler alle genannten Tricks in einer Diskussion anzuwenden. Hier zählt „Weniger ist mehr". Das Wichtigste aber ist: Bleiben Sie innerlich immer ausgeglichen, lassen Sie sich nicht auf ein Machtspiel ein und analysieren Sie jede Situation gründlich. Nur dann bewahren Sie immer einen kühlen Kopf und können sinnvoll und kompetent reagieren. Ich wünsche Ihnen viel Erfolg beim Einüben der Tricks und viel Erfolg bei Ihrer nächsten Diskussion.

Grafik von de.depositphotos.com/nuvolanevicata

Impressum

Geschäftsanschrift Herausgeber:

Uwe Klein

Holderäckerstraße 8

70499 Stuttgart

autor-uwe-klein@email.de

Haftungsausschluss: Alle Angaben wurden mit großer Sorgfalt erstellt, inhaltliche Fehler sind jedoch nie ganz auszuschließen. Autor und Herausgeber können hierfür keine Haftung übernehmen, jeder Leser ist für die

Umsetzung und Anwendung der hier gegebenen Tipps selbst verantwortlich.

Disclaimer

Die Inhalte dieses Buches wurden mit größter Sorgfalt erstellt. Für die Richtigkeit, Vollständigkeit und Aktualität der Inhalte können wir jedoch keine Gewähr übernehmen.

Dieses Buch enthält Links zu externen Webseiten Dritter, auf deren Inhalte wir keinen Einfluss haben. Deshalb können wir für diese fremden Inhalte auch keine Gewähr übernehmen. Für die Inhalte der verlinkten Seiten ist stets der jeweilige Anbieter oder Betreiber der Seiten verantwortlich.

Die verlinkten Seiten wurden zum Zeitpunkt der Verlinkung auf mögliche Rechtsverstöße überprüft. Rechtswidrige Inhalte waren zum Zeitpunkt der Verlinkung nicht erkennbar. Eine permanente inhaltliche Kontrolle der verlinkten Seiten ist jedoch ohne konkrete Anhaltspunkte einer Rechtsverletzung nicht zumutbar. Bei Bekanntwerden von Rechtsverletzungen werden wir derartige Links umgehend entfernen.

1. Auflage 2018

Buchempfehlung

NLP als
Methode zur
Persönlichkeits
entwicklung
Uwe Klein

Printed in Poland
by Amazon Fulfillment
Poland Sp. z o.o., Wrocław

62711132R00051